Nous ne sommes pas du même monde

Brigitte MASSIOT

Éditions ART ET COMÉDIE
3, rue de Marivaux
75002 PARIS

NOUS NE SOMMES PAS DU MÊME MONDE

a été créée au Théâtre Côté Cour à Paris
en septembre 2012

Avec

Brigitte Massiot

Christian Abart

Dans une mise en scène d'Olivier Macé

Création lumière : Philippe Séon
Musique originale : Sylvain Moreau

NOTE SUR L'AUTEURE

Brigitte est comédienne de formation, auteure de théâtre par passion.

Elle étudie au Conservatoire de Nice dans la classe de Muriel Chaney, poursuit son parcours avec Jean-Laurent Cochet, au cours Alain Janey et Paulette Frantz, à l'Actors Studio avec Jack Waltzer et au Studio Pygmalion, et travaille l'improvisation au Canada.

En 1983, Brigitte séjourne au Canada où elle travaille l'improvisation.

Au théâtre, elle joue Tchekhov, Feydeau, Jules Renard, René de Obaldia et Jean-Michel Ribes. En 1989, Brigitte crée sa compagnie « Le Théâtre de Poche » et met en scène des pièces de Feydeau, Courteline, Pierre Sauvil, Jean-Michel Ribes… ainsi que le Festival Guitry.

À l'écran, elle joue dans divers courts-métrages : *Imbroglio* sous la direction de J.M. Laguet, *Amour maternelle* de J.F. Dumont, et dernièrement dans *Les Amants du 15e*.

Brigitte écrit des comédies depuis 7 ans. *Les Quinquas* est sa première pièce. Depuis, elle en écrit d'autres dont *Nous ne sommes pas du même monde*.

Sa règle de base : « Ne pas attendre les évènements, mais les provoquer. »

La question qui revient souvent après avoir vu la pièce c'est : « Comment vous est venue l'idée ? »

Tout simplement en écoutant mes « copines » raconter les histoires invraisemblables qui leur arrivent en allant sur les sites de rencontres.

Petit à petit, il m'est venu l'idée de raconter une histoire qui est le reflet de notre époque.

Le virtuel est devenu notre quotidien. On fait son marché amoureux, comme on fait ses courses dans les grandes surfaces.

Mais ce qui me tenait le plus à cœur c'était de montrer qu'il suffisait parfois de peu de choses pour que celui qui se sent « hors de notre monde » y trouve enfin sa place.

Nous n'avons pas tous les mêmes peurs, ni les mêmes angoisses. Notre solitude peut être celle du cœur mais aussi celle de tous les jours. Rencontrer quelqu'un qui écoute et qui comprend est un cadeau que la vie nous fait ; savoir recevoir est un cadeau que l'on se fait.

La vie, la vraie, a beaucoup plus d'imagination que le virtuel, elle réserve des rencontres surprenantes…

BRIGITTE MASSIOT

ACTE I

Adhémar est en train de faire les cent pas, il remet les choses en place sans y faire vraiment attention... On sent un certain agacement qui va aller crescendo. Il a un énorme trousseau de clés qu'il sort sans arrêt de sa poche.
Il essuie sa table avec une lingette. Sort des boîtes, regarde les étiquettes. Ouvre les boîtes, fouille, sort des papiers, les remet en place, prend une nouvelle lingette et s'essuie les mains avec. Il se met derrière l'écran d'un vieil ordinateur.

ADHÉMAR, *tapotant nerveusement.* – Sénèque, viens-moi en aide. *(Il cherche sur son ordinateur.)* S.E.C. N ET NE QUE... « Enter »! *(Une photo de Sénèque apparaît sur le fond du plateau.)* « D'après Sénèque, la fréquentation du grand nombre est notre ennemie. C'est bien vrai! Il y a toujours quelqu'un pour nous faire valoir quelque vice, ou l'imprimer en nous, ou, à notre insu, nous en imprégner. De manière générale, plus grande est la masse des gens à laquelle nous nous mêlons, plus il y a danger. » Sénèque, tu as raison : ne pas se mêler à la masse des gens. Règle de base. Restons impassible. Impassibilité. « Apatheia », « apatheia ». *(Il regarde en l'air.)* Ah! voilà! « Nous tombons inévitablement dans l'ambiguïté si nous voulons traduire "apatheia" à la va-vite par un seul mot, disant "impassibilité"; il se pourra, en effet, que l'on comprenne le contraire de ce que nous voulons exprimer. Voir donc s'il n'est pas plus satisfaisant soit de dire "âme invulnérable" soit "âme placée" en dehors de toute souffrance.» *(On frappe à la porte. Il se précipite, se cogne dans la table, se frotte la cuisse. Il hurle.)* « Âme placée en dehors de toute souffrance, tu parles ! » *(Il déverrouille la porte et l'ouvre doucement. Dans l'encadrement, on aperçoit une femme plutôt classique, vêtue d'un imper, perchée sur des talons. Elle tient serrée contre elle une bouteille de vin enveloppée d'un papier. Elle a l'air perdu. Elle va pour parler, Adhémar la laisse plantée là, lui tourne le dos. Et continue son monologue.)* Enfin ! On ne peut pas dire que vous soyez ponctuelle. Vous avez trois minutes quarante-cinq secondes vingt-huit dixièmes de retard. *(Hurlant.)* C'est inadmissible ! *(La femme est toujours dans l'encadrement de la porte, elle regarde machinalement sa montre. Elle ne dit toujours rien. Adhémar farfouille dans des boîtes à biscuits en fer. Il sort une liasse de papiers qu'il lit, toujours en colère.)* « Le bailleur est obligé par la nature du contrat d'en faire jouir paisiblement le preneur. » *(Il hurle.)* « Jouir paisible- ment », est-ce que ça évoque quelque chose pour vous ? *(La femme acquiesce de la tête avec un sourire.)* Et fermez-moi cette porte, je vais attraper la mort avec ces courants d'air. *(La femme, toujours plantée dans l'encadrement, se penche et referme la porte sur elle. Adhémar ne s'est pas aperçu qu'il est seul, il continue sur sa lancée.)* « Le bailleur est tenu de délivrer la chose en bon état. Si, pendant la durée du bail, la chose louée n'est détruite qu'en partie, le preneur, suivant les circonstances, sera en droit de demander une diminution du prix. » *(Il se retourne et s'aperçoit que la femme n'est plus là. Il se précipite vers la porte et l'ouvre violemment. Elle est toujours plantée là.)* Mais qu'est-ce que vous faites ? Incroyable ça ! Je ne vais pas vous hurler les clauses de notre contrat à travers la porte, tout de même ! *(La femme entre, toujours silencieuse, un peu égarée, serrant sa bouteille contre elle. Pendant ce temps, Adhémar ferme la porte à clé et remet le trousseau dans sa poche. Il s'essuie fébri- lement les mains avec une lingette. Elle le regarde faire. Elle essaye de parler mais n'y arrive pas.)* Notre contrat, si nous le signons…

(Il la regarde.)… et ça n'est pas gagné… devra être respecté dans les moindres clauses. Vous comprenez ce que je vous dis ? *(Hochement de tête de la femme… Adhémar s'emballe de plus en plus.)* Je ne veux pas, je ne veux pas, vous m'entendez, prendre de risques. En aucun cas. Pas question pour moi de me retrouver dans une situation qui ne ferait qu'amener chaos, angoisse et stress… Je ne supporte pas d'être angoissé, encore moins stressé, ça me colle des palpi… des palpi… des pal… *(Il s'arrête, essoufflé, s'accroche à la table et tombe raide. La femme le regarde pendant quelques secondes, puis réagit. Elle pose sa bouteille sur la table, prend un verre, met de l'eau dedans et revient vers Adhémar, le fait boire lentement. Il s'étouffe, tousse et ouvre les yeux.)* Que la nourriture apaise la faim, que la boisson apaise la soif. Dark Vador !… Bon, êtes-vous d'accord avec les termes du contrat ?

LÉOPOLDINE, *hésitante, timidement.* – Le contrat ? Je ne savais pas qu'il y aurait un contrat. C'est la première fois, je ne suis pas très au courant des modes de fonctionnement…

ADHÉMAR. – Une novice ! C'est bien ma veine !

LÉOPOLDINE. – Non, ne vous inquiétez pas, je pense que ça devrait revenir rapidement. *(Un petit sourire timide sur les lèvres.)* Juste une petite remise en route…

ADHÉMAR, *levant les yeux au ciel.* – On ne va jamais y arriver. Bon, pour le paiement vous comptez faire comment ?

LÉOPOLDINE, *ébaubie.* – Le paiement ? Mais…

ADHÉMAR. – Ah non ! Pas de ça avec moi… Vous ne pensez pas que tout cela va être gratuit, ou qu'au pire je devrais payer moi ?

LÉOPOLDINE. – Non, évidemment, enfin je pensais pas, je savais pas.

ADHÉMAR. – Elle ne savait pas… Je ne comprends pas, vous faites comment d'habitude ?

LÉOPOLDINE. – D'habitude ?! Je vous ai dit que…

ADHÉMAR. – Ah oui ! C'est vrai… Une novice…

LÉOPOLDINE, *pleine de bonne volonté.* – Mais pas de problème, je paierai ; en liquide ? *(Elle ouvre son sac, fouille, sort un porte-monnaie, regarde à l'intérieur, lève les yeux vers Adhémar, montre son porte-monnaie, fait un geste d'excuse.)* J'ai ma carte bleue.

ADHÉMAR, *levant les yeux au ciel.* – Je ne suis pas une grande surface non plus !

LÉOPOLDINE. – Vous êtes drôle…

ADHÉMAR. – Non, je n'ai jamais été drôle, ce n'est pas maintenant que je vais commencer.

LÉOPOLDINE. – Excusez-moi. *(Elle sort, triomphante, son chéquier de son sac.)* Un chèque, ça ira ?

ADHÉMAR. – Faute de mieux…

Léopoldine pose le chéquier sur la table, cherche dans son sac, sort tout son sac sur la table sous le regard agacé d'Adhémar.

LÉOPOLDINE. – Vous n'auriez pas un stylo ?

Adhémar cherche dans une des boîtes à biscuits en fer, sort plusieurs stylos, les essaye, un retient son attention, il le tend à Léopoldine.

ADHÉMAR. – N'oubliez pas de me le rendre ; je connais le nombre exact de stylos qu'il y a dans ma boîte.

LÉOPOLDINE. – Vous en avez combien ?

ADHÉMAR. – Vingt-sept bleus, dix-huit rouges, quatorze quatre couleurs et sept et demi noirs.

LÉOPOLDINE. – Et demi ? C'est comment un demi-stylo ?

ADHÉMAR. – Il est à moitié vide. Ne cherchez pas à m'embrouiller. On parlait règlement.

LÉOPOLDINE. – Oui. Excusez-moi. Je le fais de quel montant et à quel ordre ?

ADHÉMAR. – Comment voulez-vous que je le sache ? Ça dépend de la prestation. Du nombre d'heures passées. Je ne suis pas devin, aucune idée du temps que ça va prendre. À vue de nez, y en a pour au moins deux jours.

LÉOPOLDINE. – Deux jours ? Ah ! oui, mais non ! J'avais pas prévu autant, je ne peux pas, enfin c'est compliqué. Deux jours ?

ADHÉMAR. – Vous vous imaginiez quoi ? Vous avez vu dans quel état c'est ?

LÉOPOLDINE. – Quand même, c'est pas si catastrophique que ça.

ADHÉMAR. – Vous êtes naïve, ma pauvre. Quand faut remettre les choses en marche, faut le faire sérieusement, avec application… Il faut du doigté. Plus toute jeune quand même…

LÉOPOLDINE. – Enfin, vous le saviez ?

ADHÉMAR. – Oui, mais bon, on ne peut pas non plus imaginer le pire tout le temps… Qui me dit que je ne vais pas avoir de mauvaises surprises ?

LÉOPOLDINE. – Évidemment, je comprends votre déception. Je me rends bien compte.

ADHÉMAR. – De rien du tout, oui !

LÉOPOLDINE. – Je suis désolée, je vais repartir.

ADHÉMAR. – Ah non ! Maintenant que je vous tiens, je ne vais pas vous lâcher comme ça. Assis ! *(Léopoldine a un moment d'hésitation* *et s'assoit sur une chaise.)* Bon, on va d'abord signer un papier comme quoi vous reconnaissez que je ne serai pour rien dans les dommages subis.

LÉOPOLDINE. – Les dommages ?! Mais pourquoi y aurait-il des dommages ?

ADHÉMAR. – Vous voyez, vous commencez à discuter.

LÉOPOLDINE. – Je ne pensais pas que c'était aussi compliqué.

ADHÉMAR. – Bon, rendez-moi mon stylo. *(Léopoldine lui tend timidement le stylo, il l'essuie avec une nouvelle lingette et commence à écrire.)* Je soussigné Adhémar de Marteuil-Grognant.

LÉOPOLDINE, *avec un petit rire grinçant.* – « Grognon », c'est rigolo.

ADHÉMAR. – Grognant.

LÉOPOLDINE. – C'est joli aussi, c'est presque pareil !

ADHÉMAR. – Non, ça n'a rien à voir, et puis joli ou pas, ce n'est pas le problème. Bon, et vous ?

LÉOPOLDINE. – Moi ?

ADHÉMAR. – Oui, votre nom ?

LÉOPOLDINE. – Ah… Léopoldine.

ADHÉMAR. – J'espère que vous savez nager ? *(Rire coincé.)*

LÉOPOLDINE. – Pardon ?

ADHÉMAR. – Léopoldine… La fille de Victor Hugo. *(Il mime une noyade. Il déclame.)* « Demain dès l'aube, à l'heure où blanchit la campagne, je partirai… »

LÉOPOLDINE. – Vous partirez où ?

ADHÉMAR. – Ils ne vous aimaient pas vos parents ? Vous n'êtes pas une enfant de l'amour ?

LÉOPOLDINE, *décontenancée*. – Heu… si, ils m'aimaient… enfin je crois. En même temps, je suis la sixième dans la fratrie.

ADHÉMAR. – Ah ! ben voilà ! Ça explique tout !

LÉOPOLDINE. – Pardon ?

ADHÉMAR. – Comment peut-on appeler sa fille Léopoldine ? Ça ne doit pas être facile à traîner tous les jours un prénom pareil.

LÉOPOLDINE. – Ça vaut bien Adhémar.

ADHÉMAR. – Je vous demande pardon ? Je suis le vicomte Adhémar de Marteuil-Grognant, alors excusez-moi mais on ne peut pas s'appeler bêtement Steeve, Kévin ou Ferdinand.

LÉOPOLDINE. – Oui, évidemment. Vaillant.

ADHÉMAR. – Quoi, « vaillant » ?

LÉOPOLDINE. – Léopoldine Vaillant.

ADHÉMAR. – Ah… « A cœur vaillant rien d'impossible. » M'étonne plus que vous soyez aussi intrépide… *(Toujours son rire coincé, heureux de sa blague. Léopoldine le regarde sans comprendre. Il s'arrête.)* Vaillant… intrépide… non ? Bon, ben y a pas la lumière à tous les étages ! *(Il rigole tout seul puis lui redonne le stylo.)* Écrivez, allez, écrivez… « Et Léopoldine Vaillant… » *(Il secoue la tête.)* « Certifions que nous avons fait état des lieux… » Avec un « x », « lieux»… Bon, laissez-moi, je vais finir. « Que ceux-ci ne donnant pas entière satisfaction… » *(Il chantonne.)* « Satisfaction… » *(Il la regarde, elle ne comprend pas.)* Y a pas le gaz non plus… « M. Adhémar de Marteuil-Grognant est en droit d'exiger réparation immédiate des préjudices qu'il risque de subir. »

LÉOPOLDINE. – Des préjudices ?!

ADHÉMAR. – Ah ! vous voulez juger par vous-même ! Remarquez, c'est de bonne guerre, je comprends, c'est normal. Bon, suivez-moi.

LÉOPOLDINE. – Où ça ?

ADHÉMAR. – Où voulez-vous ? Dans la salle de bains.

LÉOPOLDINE. – Vous n'avez pas de chambre ?

ADHÉMAR. – Évidemment que j'ai une chambre, mais ce n'est pas par là qu'on va commencer. J'ai pour principe d'aller à l'essentiel, droit au but.

LÉOPOLDINE. – Alors on va dans la salle de bains, comme ça ?

ADHÉMAR. – Comment ça, comme ça ? Je dois vous envoyer un bristol ? « Le vicomte de Marteuil-Grognant vous prie d'assister à la visite de la salle de bains de ses appartements le 15 novembre à dix-sept heures dix. »

LÉOPOLDINE. – Non, bien sûr, enfin je pensais qu'on prendrait un verre de vin avant. C'est du très bon, vous savez.

ADHÉMAR. – Un verre de vin avant d'aller dans la salle de bains ? Mais pour quoi faire ? Ah ! vous vouliez me saouler pour que je ne voie pas les dégâts ? Mais ils sont tellement flagrants que même un aveugle les verrait, les dégâts !

LÉOPOLDINE. – À ce point ?

ADHÉMAR. – Bon, on va pas discuter pendant des heures. Vous venez ?

Adhémar disparaît dans le couloir. Pendant ce temps, Léopoldine enlève son manteau, puis commence à se déshabiller maladroitement. Elle déboutonne sa robe et, au moment où sa jupe est ouverte, Adhémar entre.

Il crie, se cache les yeux, repart, revient, il parle sans la regarder.

ADHÉMAR. – Mais quelle horreur! Qu'est-ce que vous faites à moitié nue dans mon salon? C'est interdit! Vous m'entendez? Interdit! Je vais vous poursuivre pour attentat à la pudeur! *(Léopoldine reboutonne sa jupe.)* Vous êtes complètement folle! Vous imaginiez quoi? Que j'allais succomber à vos charmes? Enfin, quand je dis charmes... *(Il éclate de rire.)* Mais vous rêvez! On ne séduit pas Adhémar de Marteuil-Grognant aussi facilement. Il est incorruptible!

LÉOPOLDINE. – Je suis désolée, je suis vraiment confuse, enfin je pensais, vous savez...

ADHÉMAR. – Non, je sais pas, et j'ai pas envie de savoir. Signez-moi le papier et sortez de chez moi.

LÉOPOLDINE. – Vous signer le papier? Ah bon? Mais je reviens quand alors?

ADHÉMAR. – Jamais, j'espère!

Léopoldine signe le papier, prend son manteau.

LÉOPOLDINE. – Je suis confuse, vraiment.

ADHÉMAR. – On le serait à moins...

LÉOPOLDINE. – Mais vous me disiez que ça se passerait bien... Enfin, c'est ce que j'ai cru comprendre...

ADHÉMAR. – Comprendre quoi?

LÉOPOLDINE. – Parfois, vous savez, on lit des choses, on les comprend comme on a envie de les comprendre...

ADHÉMAR. – Mais où avez-vous lu que vous deviez vous déshabiller?

LÉOPOLDINE. – Non, évidemment, enfin c'était tacite...

ADHÉMAR. – Quoi, tacite ?! Qu'est-ce qu'il vient faire ici, tacite ? Sénèque, aide-moi ! Et puis ce strip-tease… Vous étiez d'un ridicule !

LÉOPOLDINE, *continuant son histoire, ne s'occupant plus d'Adhémar.* – Je ne suis pas habituée à ce genre de « rencontre », je m'imaginais les choses plus simplement. Je ne pensais pas que tout ça avait autant changé depuis… enfin… vous voyez ce que je veux dire ?

ADHÉMAR. – Non. Je ne vois rien.

LÉOPOLDINE. – Ça fait vingt-cinq ans que je n'ai pas… Enfin, on en a souvent parlé pourtant.

ADHÉMAR. – Mais parlé de quoi ?

LÉOPOLDINE. – Je sais bien que les premiers temps, je n'étais pas très à l'aise, mais vous étiez tellement…

ADHÉMAR. – Mais j'étais tellement quoi ?…

LÉOPOLDINE, *continuant, imperturbable.* – J'aimais tout ce que vous me disiez, c'était tellement poétique, romantique…

ADHÉMAR. – Ah ! les bonnes femmes !

LÉOPOLDINE. – Maintenant je comprends, vous êtes vicomte, ça doit être pour ça.

ADHÉMAR. – Quelle engeance !

LÉOPOLDINE. – Je peux vous le dire à présent : c'est ce qui m'a séduite chez vous.

ADHÉMAR. – Quand elles sont parties, pas moyen de les arrêter.

LÉOPOLDINE. – Votre façon d'écrire, de deviner mes sentiments, mes émotions…

ADHÉMAR. – Faut attendre.

LÉOPOLDINE. – Vous avez un côté féminin très prononcé…

ADHÉMAR. – Je vois que ça…

Adhémar vit d'immenses moments de solitude, il ne comprend rien, il regarde Léopoldine, il rapproche compulsivement ses boîtes à biscuits, les entasse, puis les aligne, les met les unes sur les autres. S'essuie les mains.

LÉOPOLDINE. – Je peux vous poser une question ? *(Adhémar fait un geste signifiant « au point où on en est »…)* Pourquoi vous vous essuyez toujours les mains ?

ADHÉMAR. – Hein ?

LÉOPOLDINE. – Vos mains, vous les essuyez tout le temps.

ADHÉMAR. – Homère dit : « La santé c'est un esprit sain dans un corps sain. » « Mens sana in corpore sano ! »

LÉOPOLDINE. – C'est un de vos amis ?

ADHÉMAR. – Qui ?

LÉOPOLDINE. – Homère ?

ADHÉMAR. – Oui… Un très vieil ami.

LÉOPOLDINE. – Y a une chose que je ne comprends pas.

ADHÉMAR. – Une ? Si vous le dites… Ça ne devrait pas être compliqué. Quoique, avec vous… Alors c'est quoi LA SEULE CHOSE que vous ne comprenez pas ?

LÉOPOLDINE. – Pourquoi « bouc en rut » ?

ADHÉMAR. – « Bouc en… » ?

LÉOPOLDINE. – « … rut ».

ADHÉMAR. – Je vous demande pardon ?

LÉOPOLDINE. – Oui, ça ne vous correspond pas trop.

ADHÉMAR. – Je le savais… J'aurais jamais dû lui demander. C'est un complot ?

LÉOPOLDINE. – Un com…

ADHÉMAR. – … plot… Non, vous avez décidé de me rendre chèvre. Mais qu'est-ce que je vous ai fait ? Pourquoi moi ?

LÉOPOLDINE. – Mais pas du tout, je…

ADHÉMAR. – Mais bon sang, QUI ÊTES-VOUS ?

LÉOPOLDINE. – Ben, « buisson jouissif » !

ADHÉMAR. – Y a des moments, je devrais m'abstenir de poser des questions… Écoutez, madame, je m'appelle Adhémar de Marteuil-Grognant, je ne suis ni bouc, ni en rut, ni chèvre en folie. Je fais des mots croisés, plus exactement j'invente les grilles que vous trouvez dans la plupart des journaux. Tiens, par exemple pour vous, là, « manque de toupet » en huit lettres.

LÉOPOLDINE. – Toupet.

ADHÉMAR. – Calvitie.

LÉOPOLDINE. – Calvitie ?!

ADHÉMAR. – Vous ne faites pas les mots croisés, ça se voit tout de suite. Bref, je ne comprends rien à votre histoire. Vous ne représentez donc pas ma propriétaire ?

LÉOPOLDINE. – Votre propriétaire ? Mais quelle propriétaire ?

ADHÉMAR. – Cessez de répéter tout ce que je dis. Répondez une bonne fois pour toutes à mes questions. Qui êtes-vous et que faites-vous chez moi ?

LÉOPOLDINE. – Qui je… Oui, oui, oui, pardon. *(Elle récite à toute vitesse.)* Léopoldine Vaillant née Lepot.

ADHÉMAR. – Lepot ?!

LÉOPOLDINE. – Ouiiiii… Quarante-cinq ans, épouse d'Adrien Vaillant depuis vingt-cinq ans, trois enfants, sans profession, sur « essayezmoivouserezpasdéçu.com » depuis trois mois, pseudo « buisson jouissif ». Et je suis ici pour rencontrer « bouc en rut ». Oh ! mon Dieu ! Mon Dieu, vous n'êtes pas « bouc en rut » !

Adhémar fait un geste pour dire non… Léopoldine s'écroule en larmes.

ADHÉMAR. – Sénèque avait raison : l'arbre devient solide sous le vent… Résiste, Adhémar, résiste…

ACTE II

Les mêmes. Elle est installée dans le fauteuil, elle a enlevé son imper, il traîne par terre, elle a aussi enlevé ses chaussures, elle tient un verre, la bouteille qu'elle a apportée est bien entamée elle aussi. Adhémar range ses boîtes par ordre de grandeur, les aligne.

ADHÉMAR. – Je vous le répète : je ne comprends rien à votre histoire.

LÉOPOLDINE. – Mais y a rien à comprendre…

ADHÉMAR. – Patience, Adhémar, patience… « Tempus omnia revelat ! »

LÉOPOLDINE. – S'il vous plaît, j'ai déjà du mal à vous suivre en français…

ADHÉMAR. – « Le temps révèle toute chose. » Tertullien.

LÉOPOLDINE, *pleurnichant.* – Mais y a rien à révéler ! C'est juste humiliant, Léopoldine Vaillant !

ADHÉMAR. – « Quot capita tot sensus » : « autant d'hommes autant de sentiments ».

LÉOPOLDINE. – Pfeuuuuu… Je suis une idiote, c'est tout.

ADHÉMAR. – Oui, ça, je ne peux pas dire le contraire.

LÉOPOLDINE. – Et puis tous vos potes, ça me saoule.

ADHÉMAR. – Mais si vous arrêtiez deux secondes de boire, peut-être que vous seriez plus cohérente !

LÉOPOLDINE. – C'est tellement, mais tellement...

ADHÉMAR. – Mais vous avez vu dans quel état vous êtes ?

LÉOPOLDINE. – Mettez-vous à ma place !

ADHÉMAR. – Merci bien, vous parlez d'un cadeau ! J'ai assez à faire avec mes problèmes. Je suis chez moi tranquille, j'attends une personne qui doit venir faire un constat de dégâts des eaux et je me retrouve avec une hystérique qui veut faire un strip-tease au milieu de mon salon.

LÉOPOLDINE. – Qui a fait !!!

ADHÉMAR. – J'en ai encore des palpitations. J'ai l'impression que ça reste collé à ma rétine.

LÉOPOLDINE. – Je suis désolée.

ADHÉMAR. – Arrêtez de vous excuser, ça devient lassant à la fin. Comment peut-on se mettre dans un pareil pétrin ? *(Léopoldine renifle, ce qui a le don d'agacer Adhémar.)* Et mouchez-vous, ça coule.

> *Léopoldine renifle, cherche désespérément un mouchoir dans son sac.*

LÉOPOLDINE, *pleurant de plus belle.* – J'ai pas de mouchoir, je suis nulle ! *(Adhémar, agacé, sort de son placard un mouchoir propre et bien plié qu'il lui tend.)* Oh ! un vrai mouchoir ! Mais je peux pas, je vais le salir. Je suis con...

ADHÉMAR. – … fuse… Oui, je sais. Mouchez-vous, bon Dieu, vous n'allez pas rester comme ça avec ce mouchoir à la main ! Je le considère comme perdu de toute façon, vous pouvez y aller.

LÉOPOLDINE. – Je vous le rendrai tout propre…

ADHÉMAR. – Ça va pas, non ? Plus question pour moi de l'utiliser.

LÉOPOLDINE. – Ah bon ? Pourquoi ?

ADHÉMAR. – Règle de base.

LÉOPOLDINE, *ne comprenant pas vraiment.* – Ah ! si c'est une règle de base…. *(Elle se mouche bruyamment.)*

ADHÉMAR. – Bon, comment vous vous êtes retrouvée chez moi ?

LÉOPOLDINE. – Ça me gêne.

ADHÉMAR. – Oui, oh… vous savez… après avoir entendu votre « pseudo »… *(Il secoue la tête.)*… « buisson jouissif », le reste ne peut pas être pire.

LÉOPOLDINE. – Je vous l'ai dit, je suis depuis trois mois sur « essayezmoivousserezpasdéçu.com »

Adhémar secoue la tête et lève les yeux au ciel.

ADHÉMAR. – Pas déçu, pas déçu !

LÉOPOLDINE. – Point com ! Et j'y ai rencontré « bouc en rut ». *(Même mimique d'Adhémar.)* On parlait tous les soirs sur MSN. Il était gentil, très poétique. Vous voulez que je vous lise un de ses poèmes ?

ADHÉMAR. – Non, non, non, merci. Mais qu'est-ce qu'une femme comme vous fait sur un site de rencontres ? Vous êtes mariée, mère, vous n'avez pas autre chose à faire ? Je ne sais pas, moi. Vous occuper de votre famille.

LÉOPOLDINE. – En fait mes enfants sont grands, ils ont quitté la maison, et mon mari… *(Elle hausse les épaules.)*

ADHÉMAR. – Oui, oui, je vois ! Triste représentation des couples d'aujourd'hui. Chacun sa vie. Pfeuuuuu… je suis bien content de ne pas m'être marié finalement.

LÉOPOLDINE. – Ah ! vous avez failli vous marier ?

ADHÉMAR. – Moi ? Non, jamais.

LÉOPOLDINE. – Ah bon ! J'ai cru. *(Geste agacé d'Adhémar qui lui dit de continuer.)* Donc il a fini par me donner rendez-vous, le bouc en rut. Et c'était aujourd'hui. Voilà, vous savez tout.

ADHÉMAR. – Oui, d'accord, mais pourquoi chez moi ? À part la petite jeune fille au pair des gens du troisième, il n'y a que moi à cet étage, les autres chambres de bonnes ne sont pas occupées.

LÉOPOLDINE. – Ah bon ? Alors il m'a donné une fausse adresse ?

ADHÉMAR. – J'ai l'impression.

LÉOPOLDINE, *se mettant à pleurer.* – Je savais bien que ça n'allait pas marcher.

ADHÉMAR, *avec une logique implacable.* – Alors pourquoi venir ?

LÉOPOLDINE. – J'en sais rien. J'espérais…

ADHÉMAR. – Mais que pouvez-vous espérer ? À votre âge ?

LÉOPOLDINE. – À mon âge ? Pourquoi ? J'ai l'air si…

ADHÉMAR. – J'en sais rien, moi… J'y connais pas grand-chose. Mais vous avez passé l'âge de ce genre de bêtises.

LÉOPOLDINE. – Vous croyez ?

ADHÉMAR. – Non. *(Petit sourire de Léopoldine, rassurée.)* J'en suis certain. Au fait, il a quel âge votre « bouc en rut » ?

LÉOPOLDINE. – La trentaine.

ADHÉMAR, *flatté.* – Ahhhh ! Vous avez pensé que j'avais trente ans…

LÉOPOLDINE. – Quand je vous ai vu, je me suis dit bon, c'est pas grave, il n'a pas voulu me dire qu'il était plus vieux.

ADHÉMAR. – Qué plus vieux ? J'ai tout juste quarante-quatre ans, vous devriez mettre des lunettes.

LÉOPOLDINE. – Elles sont dans mon sac… Je n'ai pas osé les mettre.

ADHÉMAR. – Vous avez raison, n'empirez pas les choses. Bon, et maintenant vous comptez faire quoi ? Passer la soirée ici ?

LÉOPOLDINE, *se levant et titubant.* – Non, excusez-moi, j'abuse de votre patience. Je vais rentrer chez moi.

ADHÉMAR. – Dans cet état ?

LÉOPOLDINE. – Je vais bien, je vous assure. *(Elle perd l'équilibre.)* Oups ! Oh là là ! Je suis… *(Elle fait signe qu'elle est pompette, elle rigole bêtement.)* Ça m'était pas arrivé depuis des années. *(Elle pouffe.)*

ADHÉMAR. – Décidemment, il y a beaucoup de choses qui ne vous sont pas arrivées depuis des années !

LÉOPOLDINE. – Ouiiiiiiiiiiiiiiiiiiiiiiiiiiiiiii… *(Le rire se transforme en pleurs.)*

ADHÉMAR. – Écoutez, vous ne pouvez pas rentrer chez vous comme ça.

LÉOPOLDINE. – Pfeuuuuuuuu… Y a personne chez moi, et de toute façon tout le monde s'en fout. Je les emmerde, voilà, font tous chier !

ADHÉMAR. – Ah ! pas de ça chez moi ! Je hais la vulgarité ! Ça va bien maintenant, je veux bien vous accueillir avec la générosité qui me caractérise, mais tenez-vous. Et mettez vos chaussures.

Léopoldine se redresse, lisse sa jupe, remet ses chaussures.

LÉOPOLDINE, *penaude.* – Je suis désolée.

Elle se lève et finalement Adhémar s'aperçoit qu'avec ses chaussures, elle est plus grande que lui. Ça l'agace terriblement.

ADHÉMAR. – Non, finalement, enlevez-les, vous allez trouer mon parquet !

LÉOPOLDINE. – Oui. *(Elle les retire, affolée.)* Pardon.

ADHÉMAR. – Et puis arrêtez avec vos excuses, ça devient lassant à la fin.

LÉOPOLDINE. – C'est une habitude.

ADHÉMAR. – C'est une très mauvaise habitude. Assumez ce que vous dites. Du nerf, bon sang ! Vous êtes là… *(Il fait un geste genre méduse affalée.)*… affalée comme un poulpe éberlué ! Redressez-vous. Tête haute. Allez. Vous n'êtes pas particulièrement gâtée par la nature, mais quand même, ça n'empêche pas d'avoir de la personnalité, ça atténuerait.

LÉOPOLDINE, *se rebellant.* – Ah ! bah je suis pas un laideron ! J'ai quand même un certain charme.

ADHÉMAR. – Mouais… un charme incertain… Bon, vous faites quoi dans la vie en dehors de vous excuser ?

LÉOPOLDINE. – Je suis femme au foyer.

ADHÉMAR. – C'est une occupation tout au plus. Je vous parle d'un vrai travail… Vous n'avez jamais travaillé ?

LÉOPOLDINE. – Si, lorsque j'étais jeune, j'étais…

ADHÉMAR. – Bon, on va pas remonter au déluge non plus !

LÉOPOLDINE. – Je fais du bénévolat dans une association.

ADHÉMAR. – Ah ! bien voilà, s'occuper des autres, ça c'est bien. C'est dynamique, vous rencontrez sûrement des gens intéressants, qui ont des parcours qui sortent de l'ordinaire, des vies brisées par la maladie, l'alcool, la solitude... le sexe... la solitude du sexe... Ça c'est bien... Et quel genre d'association ?

LÉOPOLDINE. – Les personnes âgées de mon quartier.

ADHÉMAR, *après un grand silence.* – C'est bien aussi les vieux... enfin les personnes âgées...

LÉOPOLDINE. – Si vous saviez comme ils ont besoin qu'on s'occupe d'eux... Les familles les abandonnent, les mettent dans des maisons de vieux... Imaginez : vous entrez, et la première chose qui vous frappe c'est l'odeur...

ADHÉMAR, *au bord du malaise.* – Oui, oui, oui...

LÉOPOLDINE. – Non, enfin je veux dire, ça ne sent pas mauvais au sens propre, ça sent l'hôpital, ce mélange bizarre de...

ADHÉMAR. – Il reste pas un peu de vin ???

LÉOPOLDINE. – Il n'en reste plus beaucoup... Attendez, je vous sers un verre...

ADHÉMAR. – Et du sucre...

LÉOPOLDINE. – Du sucre ?

ADHÉMAR. – Dans la boîte verte, dans le placard. Il y en a quarante-deux morceaux trois quarts.

LÉOPOLDINE. – Je vous donne un entier ou un trois quarts ?

ADHÉMAR. – Ne faites pas de l'esprit, ça ne vous va pas. *(Léopoldine fait tomber la boîte de sucres. Adhémar sursaute et s'énerve. Il crie.)* La boîte ! Donnez-moi la boîte !

LÉOPOLDINE. – Mais pourquoi vous vous mettez dans un état pareil ?

ADHÉMAR. – Vous m'avez filé mal au cœur avec vos histoires d'odeurs. *(Au bord de l'évanouissement.)* Le verre. *(Léopoldine part d'un côté et de l'autre, elle prend un verre d'eau, puis la boîte de sucre se renverse, c'est un vrai bordel.)* Vous me donnez le sucre ou j'ai le temps de mourir ? Bon, vous mettez quatre morceaux de sucre et demi dans le verre de vin.

LÉOPOLDINE. – Ah ! ben non, c'est du bon ! Le m'sieur de chez « Nicolas » m'a dit…

ADHÉMAR. – Vous mettez ce putain de sucre dans cette saloperie de vin et vous la fermez ! *(Léopoldine s'exécute, met quinze morceaux de sucre dans le verre, touille avec son doigt, lui donne, elle se tait, elle a des regards par en dessous vers Adhémar. Elle renifle…)* Et puis mouchez-vous… *(On entend un téléphone portable sonner, une sonnerie très lugubre… Tous les deux se regardent… Le téléphone s'arrête…)* Comme je n'ai pas de téléphone portable, j'en déduis que c'est le vôtre.

LÉOPOLDINE. – Oui.

ADHÉMAR. – Et vous ne répondez pas ? *(Léopoldine hausse les épaules.)* Festive la sonnerie… Et votre message sur votre boîte vocale est tout aussi gai ?

LÉOPOLDINE. – Vous voulez l'entendre ?

ADHÉMAR. – Vous voulez que je meure ?

Léopoldine farfouille dans son sac et sort son portable. Elle fait des manipulations diverses et variées, et après avoir entendu plusieurs sonneries différentes, des « bip », des « pouet », bref on finit par entendre son message.

Voix de Léopoldine, *soporifique.* – Je suis désolée, je ne peux pas répondre. *(Temps mort.)* Vous pouvez me laisser un message si vous le désirez mais… *(Temps mort.)*… si vous préférez rappeler sans laisser de message… *(Temps mort.)*… vous pouvez aussi. Encore désolée de ne pas avoir répondu. Au revoir.

Silence.

Léopoldine. – Vous le trouvez comment ?

Adhémar. – Vous voulez vraiment que je vous le dise ?

Léopoldine. – Oui, j'aimerais avoir votre avis. J'ai beaucoup hésité, j'ai même failli en faire un autre.

Adhémar. – Oh ! ben ça aurait été dommage de ne pas le garder ! Et on vous laisse beaucoup de messages ?

Léopoldine. – Jamais.

Adhémar. – Étonnant, parce que ça donne vraiment envie…

Léopoldine. – Vous vous moquez de moi, là ?

Adhémar. – Si peu.

Léopoldine. – Mais oh ! c'est quoi votre problème ?

Adhémar. – Pardon ?

Léopoldine. – Depuis que je suis arrivée, vous vous foutez de moi, mais oh ! je suis aussi respectable que vous… même si je ne m'appelle pas Machin-Chose de la tour qui penche…

Adhémar. – De la tour qui quoi ?

LÉOPOLDINE. – Vous vous croyez encore au temps des serfs et tout le tralala, droit de vie et de mort, de cuissage? Et vous adoubez vos amis?

ADHÉMAR. – Je n'ai pas d'amis.

LÉOPOLDINE. – Ah! ben non, excusez-moi… Monsieur le vicomte ne fraye pas avec la valetaille, avec le petit peuple. Nous ne sommes pas du même monde. Réveillez-vous l'Adhémar, c'est fini tout ça! Vous dites quoi à votre épicier quand vous achetez votre café? « Bonjour, mon brave… »

ADHÉMAR. – Je ne vais pas chez l'épicier.

LÉOPOLDINE. – Ah oui… Forcément… C'est l'épicier qui vient à monsieur le vicomte…

ADHÉMAR. – Parfaitement.

LÉOPOLDINE. – Pfeuuuuu… Fin de race…

ADHÉMAR. – Vous y allez un peu fort là.

LÉOPOLDINE. – Et vous? Vous n'y allez pas un peu fort?

ADHÉMAR. – O. K., je suis désolé.

LÉOPOLDINE. – Vous n'avez pas mieux dans votre petit manuel des bonnes manières?

ADHÉMAR. – Chère madame Vaillant, je vous présente toutes mes excuses.

LÉOPOLDINE. – Excuses acceptées. *(Moment de flottement.)* C'est vrai pour l'épicier?

ADHÉMAR. – Oui.

LÉOPOLDINE. – Pourquoi?

ADHÉMAR. – Je ne suis pas sorti de chez moi depuis quinze ans.

LÉOPOLDINE. – Depuis quinze ans ? Ça fait long quand même... Quelle drôle d'idée...

ADHÉMAR. – Drôle n'est pas vraiment le mot que j'aurais choisi...

LÉOPOLDINE. – Qu'est-ce qui vous en empêche ?

ADHÉMAR. – Je suis agoraphobe.

LÉOPOLDINE. – Ah... quel est le rapport...

ADHÉMAR. – Avec quoi ?

LÉOPOLDINE. – Ben avec le fait de pas sortir...

ADHÉMAR. – Je viens de vous le dire : je suis AGORAPHOBE.

LÉOPOLDINE. – Vous ne pouvez pas essayer de parler comme tout le monde ?

ADHÉMAR. – J'ai peur de la foule. Des gens... D'aller dans la rue...

LÉOPOLDINE. – Ah oui ! Ce truc-là... Oui, oui, j'en ai entendu parler... Mais vous avez peur de quoi ?

ADHÉMAR, *commençant à perdre patience.* – Des gens, de la foule... Enfin, d'aller dehors.

LÉOPOLDINE. – Ah ! ben voui, forcément dehors... y a des gens... beaucoup de gens... du coup... *(Elle réfléchit.)* Et s'il n'y avait personne ?

ADHÉMAR. – Je ne vous suis pas, là.

LÉOPOLDINE. – Ben si vous étiez dans un endroit où il n'y a personne dehors, vous sortiriez ?

ADHÉMAR. – C'est idiot comme question.

LÉOPOLDINE. – Non, je cherche juste à savoir si c'est dehors qui vous fait peur ou les gens.

ADHÉMAR. – Les deux.

LÉOPOLDINE. – Oui, mais moi je fais partie des gens… Et vous m'avez ouvert.

ADHÉMAR. – Vous m'embrouillez, là. De toute façon, que ce soit les gens ou le dehors, je ne sors plus depuis quinze ans, c'est comme ça, et ça n'est pas votre psychologie de petite-bourgeoise qui va y changer quelque chose…

LÉOPOLDINE. – Vous êtes trop drôle Adhémar, vous râlez pour un rien.

ADHÉMAR. – Et vous… Tiens, je préfère me taire…

LÉOPOLDINE. – Bon, vous l'avez attrapé comment ce truc ? Vous vous êtes levé un matin et vous vous êtes dit : « Oh ! ben tiens, aujourd'hui je décide de ne plus sortir ! »

ADHÉMAR. – Non, évidemment.

LÉOPOLDINE. – Alors ?

ADHÉMAR. – Dans toutes les phobies, il y a toujours un déclencheur. Chez les uns, c'est un accident ; chez d'autres, un petit évènement insignifiant. Tiens, par exemple, je connais le cas d'une femme dont le mari est mort assommé…

LÉOPOLDINE. – Il a été assommé par qui ?

ADHÉMAR. – Avec un gigot.

LÉOPOLDINE. – Un gigot ?

ADHÉMAR, *comme une évidence.* – Un gigot.

LÉOPOLDINE, *ahurie.* – On l'a assommé avec un gigot ?! Mais qui a fait ça ?

ADHÉMAR. – Personne. Il était accroupi devant le frigo, il cherchait un truc… La porte du congélateur était mal fermée, un gigot congelé de quatre kilos lui est tombé sur la tête.

LÉOPOLDINE. – Quelle horreur !

ADHÉMAR. – D'autant que le type était végétarien…

LÉOPOLDINE. – C'est ballot.

ADHÉMAR. – Et depuis sa femme fait des crises d'angoisse dès qu'elle entend prononcer les mots « glaçon », « glace », « congélateur », « frigo » et « gigot » évidemment.

LÉOPOLDINE. – Ça ne doit pas être facile tous les jours…

ADHÉMAR. – Non. Encore « gigot », bon… mais « glace », « glaçon »…

LÉOPOLDINE. – Vous imaginez, en été… elle boit jamais frais…

ADHÉMAR. – Très drôle !

LÉOPOLDINE. – En tout cas, moi, je sais ce que j'aurais écrit sur la pierre tombale du mec : « Je vous l'avais bien dit que la viande était dangereuse pour la santé… »

ADHÉMAR. – Vous êtes désespérante…

LÉOPOLDINE. – On peut rire quand même…

ADHÉMAR. – Non, pas de tout…

LÉOPOLDINE. – Pfeuuuuu… Bon alors c'est quoi le petit truc qui a déclenché votre agoramachin, là ?

ADHÉMAR. – Agoraphobie. Désolé, je ne raconte pas ma vie à n'importe qui. On ne se connaît pas.

LÉOPOLDINE. – Oh! vous connaissez le pire de moi… « Buisson jouissif »… Ça crée des liens.

ADHÉMAR. – Je m'en serais bien passé.

LÉOPOLDINE. – Oui, moi aussi, mais maintenant que la glace est rompue… *(Elle se marre.)*

ADHÉMAR. – Quoi encore?

LÉOPOLDINE. – Rien, je pense à votre copine…

ADHÉMAR. – Ma copine?

LÉOPOLDINE. – Ben celle du gigot…

ADHÉMAR. – J'ai l'impression qu'on n'a pas fini avec ça…

LÉOPOLDINE. – Si vous me racontez, je me tais.

ADHÉMAR. – Faut pas rêver.

LÉOPOLDINE. – Allez, s'il vous plaît, s'il vous plaît, racontez-moi… Quand on m'explique je comprends mieux, et quand je comprends mieux je retiens mieux, et quand je retiens mieux…

ADHÉMAR. – « … je comprends mieux… »

LÉOPOLDINE. – C'est comme ça.

ADHÉMAR. – Vous êtes pénible.

LÉOPOLDINE. – Oui, je sais… Trop tard pour changer. Alors? Soyez sympa.

ADHÉMAR. – Sympa? J'aurai tout entendu avec vous. Bon, de toute façon vous n'abandonnerez pas? *(Léopoldine fait non de la tête.)* Horace a raison : la patience rend tolérable ce qu'on ne peut empêcher…

LÉOPOLDINE. – Ils ont un avis sur tout, vos potes.

ADHÉMAR. – Si je dois en passer par là pour expier, « alea jacta est »…

LÉOPOLDINE. – On va où ?

ADHÉMAR. – Nulle part ! *(Silence pesant.)* J'ai tué quelqu'un.

LÉOPOLDINE. – Ah ! ben vous voyez, c'était pas si té… Quoi ?!

ADHÉMAR. – J'ai tué quelqu'un.

LÉOPOLDINE. – Bon, ben, je crois que je vais y aller, moi. *(Elle se lève et tombe dans les pommes.)*

NOIR

ACTE III

Léopoldine est avachie sur le fauteuil, Adhémar lui tourne autour… Il lui tapote les mains. Elle ne réagit pas.

ADHÉMAR. – Madame Vaillant!… Madame Vaillant!… Comment c'est son prénom déjà? Mélusine? Mélusine en faillite? Non… Sécotine… Nicotine… Cocaïne… Héroïne… Oui! Grand auteur… Balzac, Zola, Flaubert… « Madame Bovary »… Comment elle s'appelait cette traînée? Emma! Emma! Non, c'est pas ça! Victor Hugo! Esmeralda! Non! Fantine! Non! Cosette! Oui, mais non! Oh! je nage, je nage!!! Léopoldine!!!

Il lui donne une claque magistrale, elle se redresse.

LÉOPOLDINE. – Non, mais ça va pas? Vous m'avez frappée, là? Vous m'avez fait mal.

ADHÉMAR. – Vous ne bougiez pas.

LÉOPOLDINE. – Mais vous êtes un grand malade… On ne frappe pas les gens parce qu'ils ne bougent pas!

ADHÉMAR. – Vous ne reveniez pas à vous, fallait bien employer les grands moyens!

LÉOPOLDINE. – Ça veut dire quoi, je ne revenais pas? Ah! mon Dieu… Vous avez tué quelqu'un…

ADHÉMAR. – C'est de votre faute aussi.

LÉOPOLDINE. – Mais je ne vous ai jamais demandé de tuer quelqu'un !

ADHÉMAR. – Mais qui vous parle de ça ?

LÉOPOLDINE. – Oui, mais bon, quand on a tué on ne s'en vante pas…

ADHÉMAR. – C'est vous qui avez insisté pour savoir…

LÉOPOLDINE. – Ben peut-être, mais c'est pas une raison. Et puis on n'annonce pas un truc comme ça avec autant de légèreté.

ADHÉMAR. – Vous vouliez que je vous envoie un faire-part ?

LÉOPOLDINE. – Mais c'est une manie chez vous de toujours vouloir envoyer des trucs ! Je vais rentrer chez moi, c'est mieux.

ADHÉMAR. – Vous avez peur ?

LÉOPOLDINE. – Ben, mettez-vous à ma place !

ADHÉMAR. – Toujours pas envie…

LÉOPOLDINE. – Oui, ben là votre place n'a pas grand-chose d'enviable. Et puis moi je n'ai tué personne.

ADHÉMAR. – Ah ! voilà, j'en étais sûr ! On vous dit un petit truc et vous en faites une montagne.

LÉOPOLDINE. – Vous avez une façon de minimiser les choses ! *(Adhémar est fébrile, il s'agite, se nettoie les mains, va et vient. Léopoldine le regarde, inquiète. Elle prend ses affaires discrètement et se dirige vers la porte.)* J'aimerais partir. Vous pouvez ouvrir la porte, s'il vous plaît ?

Adhémar sursaute et fait tomber une boîte en fer. Tout s'éparpille.

ADHÉMAR, *violemment.* – Regardez ce que vous m'avez fait faire ! Je ne sais pas ce qui me retient…

LÉOPOLDINE, *brandissant son sac à main.* – Si vous approchez, je vous assomme !

ADHÉMAR. – Vous êtes ridicule.

LÉOPOLDINE. – Oui, ben peut-être mais je peux vous faire très mal. *(Elle se remet à chougner.)* Je veux rentrer chez moi.

ADHÉMAR. – Et qu'est-ce qui vous en empêche ?

LÉOPOLDINE. – Ben vous…

ADHÉMAR. – Mais je ne vous retiens pas !

LÉOPOLDINE. – Alors ouvrez !

ADHÉMAR. – Oui. *(Adhémar ne bouge pas. Léopoldine le regarde, interrogative, elle mime le geste d'ouvrir une porte avec une clé.)* Oui, ben ça vient.

LÉOPOLDINE. – Prenez votre temps.

ADHÉMAR. – Je ne trouve pas la clé.

LÉOPOLDINE. – Vous ne la cherchez pas non plus. *(Adhémar sort son trousseau, cherche sans conviction.)* J'ai quand même du mal à vous imaginer.

ADHÉMAR. – Pardon ?

LÉOPOLDINE. – À tuer quelqu'un. Qu'est-ce qui s'est passé ?

ADHÉMAR. – Je dois en plus donner des détails ?

LÉOPOLDINE. – Vous n'avez pas l'air d'un assassin.

ADHÉMAR. – Ça veut dire quoi, ne pas avoir l'air ?

LÉOPOLDINE. – J'en sais rien.

ADHÉMAR. – Vous devriez vous méfier de vos impressions, parce que j'ai bien tué.

LÉOPOLDINE. – Un homme ou une femme ?

ADHÉMAR. – Ça change quoi ?

LÉOPOLDINE. – Pour savoir.

ADHÉMAR. – Un homme.

LÉOPOLDINE. – Ahhhh…

ADHÉMAR. – Une femme, un homme, quelle importance ? C'est un être vivant.

LÉOPOLDINE. – Vivant, vivant… C'est vite dit.

ADHÉMAR. – Oh ! c'est malin !

LÉOPOLDINE. – Bon, alors ?

ADHÉMAR. – Bon, il y a quinze ans, j'étais journaliste et…

LÉOPOLDINE. – Ah oui… Les mots croisés.

ADHÉMAR. – Non, j'étais journaliste, j'écrivais des articles, j'étais un très bon journaliste, connu, reconnu, re-reconnu et…

LÉOPOLDINE. – Oui, bon… Vous étiez journaliste et vous avez tué quelqu'un pour écrire un bel article.

ADHÉMAR. – Non… Bon, passons… À cette époque, j'allais au boulot en rollers.

LÉOPOLDINE. – En rollers ? Les trucs à roulettes ?

ADHÉMAR. – Oui, c'est ça…

LÉOPOLDINE. – Vous sur des trucs à roulettes… *(Elle est prise d'un fou rire.)*

ADHÉMAR. – On va jamais y arriver.

LÉOPOLDINE. – Non, non, j'arrête… Promis. Donc vous, sur vos rollers. *(Fou rire.)*

ADHÉMAR. – Ça suffit! À chaque fois que j'arrivais à mon travail, avant de rentrer, j'avais un petit rituel. Je… Comment dire. Je faisais le tour du lampadaire qui se trouvait juste devant les bureaux.

LÉOPOLDINE. – Excusez-moi mais je vois pas où vous voulez en venir.

ADHÉMAR. – Si vous me coupez tout le temps…

LÉOPOLDINE. – Quel rapport entre un lampadaire et un meurtre?

ADHÉMAR. – Je vais vous le dire…

LÉOPOLDINE. – Ah oui! Les enfants avaient un jeu comme ça… Il fallait chercher l'assassin… Le colonel Moutarde accroché à un lampadaire a tué le docteur Duchmoll à coups de rollers.

ADHÉMAR. – Stop! Vous êtes vraiment à tuer.

LÉOPOLDINE, *brandissant son sac.* – N'approchez pas, hein, je vous ai prévenu, et moi ça sera de la légitime défense.

ADHÉMAR. – Elle me fatigue, mais elle me fatigue!

LÉOPOLDINE. – Désolée, mais vous n'êtes pas facile à suivre. Même en rollers.

ADHÉMAR. – Si vous arrêtiez deux secondes, je pourrais peut-être continuer. *(Léopoldine fait le geste de fermer sa bouche avec une fermeture Éclair.)* Donc je faisais le tour de mon lampadaire, seulement ce jour-là un individu était derrière moi et je l'ai percuté. Il est tombé dans la rue.

LÉOPOLDINE. – Une voiture est arrivée, elle l'a écrasé et il est mort.

Les « non » d'Adhémar seront de plus en plus excédés.

ADHÉMAR. – Non. En tombant dans la rue, un cycliste a voulu l'éviter.

LÉOPOLDINE. – Et le cycliste est mort.

ADHÉMAR. – Non. Une voiture qui arrivait en face a voulu éviter le cycliste.

LÉOPOLDINE. – Et le conducteur de la voiture est mort.

ADHÉMAR. – Non. La voiture est montée sur le trottoir et elle a emporté un échafaudage.

LÉOPOLDINE. – Et le mec qui était sur l'échafaudage est mort.

ADHÉMAR. – Non, il n'y avait personne sur l'échafaudage.

LÉOPOLDINE. – Alors c'est qui qu'est mort ?!

ADHÉMAR. – Taisez-vous… Un quidam venait de sauter.

LÉOPOLDINE. – Qui ?

ADHÉMAR. – Quoi, qui ?

LÉOPOLDINE. – Ben, quiqui qu'a sauté ?

ADHÉMAR. – Un quiqui… Un quidam, un homme, un mec, un type, quelqu'un.

LÉOPOLDINE. – Ah…

ADHÉMAR. – Donc… un quidam venait de sauter du deuxième étage pour se suicider et il est tombé sur le piéton qui a voulu éviter l'échafaudage qui venait de s'écrouler.

LÉOPOLDINE. – La vache !

ADHÉMAR. – La vache a amorti la chute… Quoi, la vache ? Quelle vache ? Mais y a pas de vache ! Le piéton a amorti la chute du suicidé qui n'a eu qu'une jambe cassée. Mais le piéton n'a pas résisté au choc. Effet domino…

LÉOPOLDINE. – Domino ou pas, maintenant, je comprends que vous ne sortiez pas. Ça vaut mieux pour tout le monde.

ADHÉMAR. – Je ne me lasse pas de vos commentaires.

LÉOPOLDINE. – Y a un truc que je ne comprends pas.

ADHÉMAR. – Pitié… Quoi encore ?

LÉOPOLDINE. – Pourquoi vous dites que vous avez tué quelqu'un ?

ADHÉMAR. – Ce n'est pas vrai. Elle n'a rien imprimé !

LÉOPOLDINE. – Évidemment que j'ai imprimé. J'suis pas complètement idiote.

ADHÉMAR. – Si vous le dites.

LÉOPOLDINE. – Vous n'avez tué personne. C'est juste un concours de circonstances.

ADHÉMAR. – Dont je suis à l'origine.

LÉOPOLDINE. – Le responsable c'est le mec qui tentait de se suicider. Si y avait pas eu de suicidé y aurait pas eu de mort.

ADHÉMAR. – Si l'échafaudage n'était pas tombé il n'aurait pas été là.

LÉOPOLDINE. – Il s'est quand même pas suicidé parce qu'un échafaudage est tombé.

ADHÉMAR. – Non, le piéton, il a dévié de son chemin parce que l'échafaudage est tombé !

LÉOPOLDINE. – Oui, mais il s'en sortait bien si l'autre n'avait pas sauté.

ADHÉMAR. – Écoutez, j'ai largement eu le temps de penser à tout ça. J'ai tué un homme, c'est tout.

LÉOPOLDINE. – O. K., O. K. Vous avez tué un homme, si ça vous fait plaisir.

ADHÉMAR. – Plaisir ? Vous avez un vrai problème avec les mots, vous. Il n'y a aucune notion de plaisir là-dedans.

LÉOPOLDINE. – Ça n'est qu'un accident. On ne peut pas s'en vouloir toute sa vie pour un accident.

ADHÉMAR. – Vous parlez sans savoir.

LÉOPOLDINE. – Si je ne parlais que lorsque je savais, je ne l'ouvrirais pas souvent.

ADHÉMAR. – Vous remarquerez que je ne fais aucun commentaire.

LÉOPOLDINE. – Vous faites des progrès. N'empêche que moi, j'ai du mal à vous visualiser.

ADHÉMAR. – Me visualiser ?!

LÉOPOLDINE. – Vous visualiser, vous imaginer. Vous étiez comment avant ?

ADHÉMAR. – Est-ce que je sais, moi ?

LÉOPOLDINE. – Ne m'aidez pas, surtout. Bon, par exemple : vous les avez toujours vos rollers ?

ADHÉMAR. – J'en sais rien.

LÉOPOLDINE. – Oh ! le mytho ! Vous savez parfaitement ce qu'il y a chez vous. Le moindre stylo, le moindre morceau de sucre est comptabilisé, alors une paire de rollers…

ADHÉMAR. – Comment voulez-vous que je garde l'arme de mon crime ?

LÉOPOLDINE. – Des rollers ne sont pas une arme. Tout au plus des trucs à roulettes et sans danger quand on sait s'en servir.

ADHÉMAR. – Vous ne lâchez jamais ?

LÉOPOLDINE. – En dehors d'être un journaliste monté sur roulettes, c'était quoi votre vie ? *(Adhémar hausse les épaules et secoue la tête.)* Vous êtes pas vif vif vif sur ce coup-là.

ADHÉMAR. – Mais de quoi je me mêle ?

LÉOPOLDINE. – Je m'intéresse, je crée de l'échange, du dialogue.

ADHÉMAR. – C'est pas le dialogue des carmélites non plus ! *(Énorme moment de solitude.)* Non, toujours pas ! Laissez tomber, on n'a vraiment pas les mêmes valeurs !

LÉOPOLDINE. – Valeurs ? Intellectuel !

ADHÉMAR. – Inculte !

LÉOPOLDINE. – Maniaque !

ADHÉMAR. – Exhibitionniste !

LÉOPOLDINE. – Mytho !!!

ADHÉMAR. – Nympho !!!

LÉOPOLDINE. – Parano !!!

ADHÉMAR. – Alcoolo !!!

LÉOPOLDINE. – Ingrophobe !!!

ADHÉMAR. – Agoraphobe !!!

LÉOPOLDINE. – Bon vous faisiez quoi ? Vous aimiez quoi ? Vous aviez une petite copine ? *(Elle le regarde.)* Nan… C'était quoi vos hobbies ? Vous comptiez déjà les morceaux de sucre ? Vous aimiez sortir, danser ? Vous aviez quoi comme rêves ? Faire des grilles de mots croisés ? Vous sortiez en boîte ? Vous aviez des fantasmes ?

ADHÉMAR. – Non, mais ça va maintenant, vous allez arrêter ça tout de suite !... Mes fantasmes ! Tout le monde ne rêve pas de s'appeler « buisson jouissif » !

LÉOPOLDINE. – Tout le monde a des rêves. Un truc secret qui fait kiffer.

ADHÉMAR. – Qui fait quoi ?!

LÉOPOLDINE. – Qui fait kiffer.

ADHÉMAR. – Qui fait kiffer ?

LÉOPOLDINE. – Oui, oh... un p'tit truc qui vous fait planer... Que vous faites quand vous êtes seul. Si vous me dites le vôtre, je vous dirai le mien.

ADHÉMAR. – Mais je n'ai aucune envie de connaître votre p'tit truc !

LÉOPOLDINE. – Allez, s'il vous plaît, s'il vous plaît, s'il vous plaît... Je suis certaine que vous allez m'épater !

Adhémar la regarde, lève les yeux au ciel, hésite et, pour la première fois, il fait un sourire, un peu coincé au début et ensuite très grand. Il claque des doigts, une musique démarre. C'est « Be Bop A Lula » en français version Eddy Mitchell. Adhémar s'éclipse puis revient en blouson noir, tiags et lunettes noires. Il se met à chanter et entraîne Léopoldine qui entame un strip-tease endiablé sur la voix d'Adhémar...

NOIR

ACTE IV

Léopoldine se rhabille et Adhémar range comme à son habitude.

ADHÉMAR. – Décidément, c'est une manie chez vous de vous déshabiller. Vous devriez consulter.

LÉOPOLDINE. – Dit par vous, ça a un certain charme…

ADHÉMAR. – Vous ne faites jamais de pause?

LÉOPOLDINE. – Si, quand je dors.

ADHÉMAR. – Ça ne doit pas être facile tous les jours pour votre famille.

LÉOPOLDINE. – Mais qu'est-ce qu'il me veut le nain de jardin? Est-ce que je lui parle de sa famille? Est-ce que je lui demande si ses parents l'aimaient ou si sa grand-mère faisait du vélo? Qu'est-ce qui vous donne le droit de me parler comme si j'étais la demeurée de service? Mais vous commencez à me gonfler avec vos théories à la mords-moi le n'œil? Vous savez quoi de ma vie? De ma famille? Vous imaginez quoi? Vous ne pensez pas que je n'aimerais pas mieux avoir une vie normale, plutôt que de passer mes soirées sur MSN à rencontrer des boucs en rut ou à me retrouver avec un mec qui assassine les gens avec un lampadaire et des rollers?… Vous me faites marrer avec vos quinze ans de solitude! Moi, j'étais peut-être dehors mais vous n'avez aucune idée de ce que j'ai subi au quotidien. De la violence, du mépris, de la solitude. Depuis des années je fais semblant, semblant de vivre, semblant de tout, semblant de rien. Parce que l'important c'est donner le change, règle de base comme vous le dites si bien… Je veux plus passer ma vie à me faire emmerder par des minables, j'ai eu mon compte, va falloir que ça change. Alors vous pouvez me balancer toutes les vannes que vous voulez, je suis blindée et vous n'arriverez jamais à la cheville de ces cinglés qui me servent de famille.

Un ange passe… Adhémar farfouille dans son placard, il en sort une boîte de chocolats.

ADHÉMAR. – Je gardais ça pour un jour exceptionnel.

LÉOPOLDINE. – Depuis le temps, ça doit être périmé.

ADHÉMAR. – Pfeuuuu… *(Il vérifie en douce et jette les chocolats.)* Le verre de l'amitié ?

LÉOPOLDINE. – De l'amitié ? Waouh… Vous me flattez, Adhémar. J'accepte avec plaisir.

ADHÉMAR. – Ah ! cette fois, le mot « plaisir » est de bon aloi !

LÉOPOLDINE. – Merci…

Adhémar sert les deux verres avec application, il verse la même quantité d'alcool dans les verres, mais n'est pas satisfait, en rajoute à l'un puis à l'autre. Les verres se remplissent dangereusement. Léopoldine finit par en avoir marre, elle prend son verre au moment où Adhémar la sert, du coup le cognac coule sur la table.

ADHÉMAR. – Oh ! mais regardez ce que vous avez fait ! Il faut que je nettoie tout maintenant.

LÉOPOLDINE. – Adhémar, laissez tomber. On trinque à l'amitié.

ADHÉMAR. – « L'amitié ne rend pas le malheur plus léger, mais en se faisant présence et dévouement, elle permet d'en partager le poids, et ouvre les portes de l'apaisement. »

LÉOPOLDINE. – Si vous le dites.

ADHÉMAR. – C'est Tahar Ben Jelloun qui le dit.

LÉOPOLDINE. – Vous les trouvez où tous vos potes ? Ils ont tous des noms à coucher dehors.

ADHÉMAR. – Comment peut-on à ce point être ignare, du latin « ignarus » ?

LÉOPOLDINE. – Mais mon cher Adhémar, il faut bien des gens comme moi pour que des gens comme vous se sentent intelligents.

ADHÉMAR. – Alors là madame Vaillant, vous me laissez sans voix.

LÉOPOLDINE. – Et sans l'image, ça donne quoi ?

ADHÉMAR. – Bon, vous pouvez me le montrez votre petit truc ?

LÉOPOLDINE. – Mais je ne vous permets pas…

ADHÉMAR. – Mais vous ne pensez qu'à ça ! Moi, je vous l'ai montré, alors c'est quoi le vôtre ?

LÉOPOLDINE. – Ah ! ce petit truc ! *(Elle se lève et va fouiller dans son sac à main.)* Avouez quand même que vos phrases peuvent prêter à confusion.

ADHÉMAR. – Pour quelqu'un qui a l'esprit mal tourné, certainement…

Elle sort un livre et le tend à Adhémar.

LÉOPOLDINE. – Faut toujours que vous ayez raison, hein ? Tenez.

ADHÉMAR, *lisant à voix haute.* – « Le Bhoutan » ?

LÉOPOLDINE. – Vous qui savez tout sur tout, vous n'allez pas me dire que vous ne connaissez pas le Bhoutan ?

ADHÉMAR, *vexé* – Si, comme tout le monde, vaguement… Le Royaume du Bhoutan est un petit pays d'Asie de quarante-sept mille kilomètres carrés. Situé dans l'Himalaya. Limité au nord et au nord-ouest par la Chine – région autonome du Tibet – et à l'est, au sud et au sud-ouest par l'Inde. L'un des pays voisins du Bhoutan est le Népal, avec lequel il ne partage pas de frontière. Le Bhoutan est en quasi-totalité occupé par les montagnes. Sa capitale est Thimphu. Le nom Bhoutan peut se traduire par « extrémité du Tibet ». La langue officielle est le dzongkha. « Kouyou daye ma quo zempo », Léopoldine !

LÉOPOLDINE. – Vous avez une interprétation du « vaguement » qui vous est très personnelle.

ADHÉMAR. – Oui, bon. Pourquoi le Bhoutan ? Je suis étonné par votre connaissance de ce pays.

LÉOPOLDINE. – Vous me prenez pour une gourde de compétition.

ADHÉMAR. – Non, pas du tout, je vous classe dans une catégorie hors concours.

LÉOPOLDINE, *éclatant de rire.* – Je sens que, grâce à vous, ma confiance en moi remonte en flèche.

ADHÉMAR. – Mais vous puisez où toute cette énergie, cette bonne humeur ? Cette façon d'être est…

LÉOPOLDINE. – … incroyable, folle, déraisonnable, absurde, chimérique !

ADHÉMAR. – C'est un vrai feu d'artifice…

LÉOPOLDINE. – Vous m'avez ouvert des horizons nouveaux, Adhémar, vous m'avez entrebâillé une porte vers la liberté.

ADHÉMAR, *très flatté*. – Je suis ravi que d'infimes particules de mon intelligence, de mon érudition, de ma culture, rejaillissent sur vous en pluie pailletée et vous ouvrent des horizons jusque-là insoupçonnés.

LÉOPOLDINE. – Moi, je dirais plutôt que ce sont votre absence de vie, votre vide affectif et votre solitude qui me font voir mes propres manquements.

ADHÉMAR. – C'est une autre façon de voir les choses.

LÉOPOLDINE. – Je reprendrais bien un petit cognac, moi…

ADHÉMAR. – Une allumette et vous flambez comme une crêpe Suzette…

LÉOPOLDINE. – Oh! des crêpes! J'adore les crêpes! Si on faisait des crêpes?

Léopoldine se lève, se dirige vers le coin-cuisine et commence à fouiller partout, pendant qu'Adhémar lui court derrière.

ADHÉMAR. – Non, non, non, non… Pas de crêpes, vous allez tout salir… Non, non, non… Mon Dieu, ça y est, c'est le chaos…

LÉOPOLDINE. – Je sais, je suis bordélique mais de là à parler de chaos… Vous démesurez, Adhémar!

Léopoldine sort la farine, les œufs, le sucre, l'huile, en trente secondes elle a viré les boîtes en fer, posé tout sur la table, elle claque les portes, une grande animation règne, stressant Adhémar au plus haut point. Il passe derrière elle, essuie, range, une vraie chorégraphie. Pendant tout l'échange qui suit, Léopoldine prépare sa pâte à crêpes.

ADHÉMAR. – Mais enfin, c'est quoi cette envie subite de crêpes? Ça ne pouvait pas attendre votre retour chez vous?

LÉOPOLDINE. – « À force de remettre à plus tard, la vie nous dépasse… »

ADHÉMAR. – Sénèque. Elle cite Sénèque. Je deviens fou.

LÉOPOLDINE. – Prosterne-toi devant ton maître, petit homme.

Adhémar se prosterne et Léopoldine lui casse un œuf (dur) sur la tête.

ADHÉMAR. – Mais qu'est-ce qu'elle me fait?

LÉOPOLDINE. – Elle fait comme vous : elle étale sa science.

ADHÉMAR. – Mais c'est quoi votre problème? La culture n'est pas une tare. On peut avoir plaisir à lire, à apprendre; essayez de temps en temps, ça vous aèrerait le cerveau.

LÉOPOLDINE. – Mais mon cher Adhémar, il m'arrive de lire aussi!

ADHÉMAR. – « Oui-oui »?

LÉOPOLDINE. – Si, si, je vous assure.

ADHÉMAR. – Non, non, je disais « Oui-oui ».

LÉOPOLDINE. – Je comprends pas, c'est non ou c'est oui?

ADHÉMAR. – Oh non! Moi, je renonce. Vous lisez quoi?

LÉOPOLDINE. – Internet. Je passe ma vie sur Internet. Je n'ai pas eu le temps de faire des études. J'ai tout appris sur Internet.

ADHÉMAR. – Vous n'avez pas appris à éviter les boucs en rut en tout cas.

LÉOPOLDINE. – Regardez le bon côté des choses : nous ne nous serions jamais rencontrés sans lui.

ADHÉMAR. – Le bon côté… Je préfère ne pas imaginer le pire.

LÉOPOLDINE. – Il est grognon le Grognant. Au fond de vous, vous êtes ravi de cette rencontre.

ADHÉMAR. – Au fond ? Ben va falloir creuser longtemps.

LÉOPOLDINE. – Voilà, j'ai fini ma pâte. *(Elle ouvre le frigo et la met dedans.)* On ferait bien de faire comme elle maintenant.

ADHÉMAR. – Rentrer dans le frigo ?

LÉOPOLDINE. – Faire une pause.

ADHÉMAR. – Oh oui ! Une pause !

LÉOPOLDINE. – Vous savez ce qui me plaît dans l'idée de partir au Bhoutan ?

ADHÉMAR. – Non, je ne vois ce qui peut vous attirer là-bas.

LÉOPOLDINE. – Le BNB. Le roi du Bhoutan a transformé le PNB en BNB, vous me suivez ?

ADHÉMAR. – Passez devant, continuez, je vous rattraperai.

LÉOPOLDINE. – Je vous explique : en gros, le BNB c'est le bonheur national brut…

ADHÉMAR. – La quête d'une croissance économique responsable et respectueuse de l'environnement et la défense d'une forte identité culturelle. Si nous n'avons ni paix, ni sécurité, ni bonheur, nous n'avons rien !

LÉOPOLDINE. – Le pays rêvé pour deux paumés comme nous.

ADHÉMAR. – C'est qui l'autre ?

LÉOPOLDINE. – Ben vous, qui d'autre ?

ADHÉMAR. – Où vous avez vu que j'étais paumé ?…

LÉOPOLDINE. – Chut, Adhémar, laissez-vous bercer… Paix, sécurité, bonheur… ça sera notre mantra.

ADHÉMAR. – Non, mais vous avez un grain !

LÉOPOLDINE, *psalmodiant.* – Hummmmmm… hummmmmmm… Paix, sécurité, bonheur… Paix, sécurité, bonheur…

ADHÉMAR. – Arrêtez, vous me faites peur là.

LÉOPOLDINE. – Remontez le fleuve Brahmapoutre.

ADHÉMAR. – Je ne prends jamais de bain, je ne sais même pas nager !

LÉOPOLDINE. – Sur un vieux bateau.

ADHÉMAR. – Monter sur votre vieux rafiot ? Même pas en rêve !

LÉOPOLDINE. – Laisser le temps s'écouler, dans le calme et la paix.

ADHÉMAR. – Le calme et la paix avec vous ?

LÉOPOLDINE. – S'arrêter dans les villages, parler avec les gens.

ADHÉMAR. – Je ne parle déjà pas à mes voisins, alors vos villageois…

LÉOPOLDINE. – Partager leur nourriture.

ADHÉMAR. – J'ai les intestins fragiles, il me faut mes trois petits-suisses par jour. Je vais les trouver où, hein ?

LÉOPOLDINE. – On trouvera…

ADHÉMAR. – Rien du tout. Allez-y si vous voulez sur votre bateau, mais moi je reste chez moi. De toute façon, j'ai pas de visa.

LÉOPOLDINE. – Mon pauvre Adhémar…

ADHÉMAR. – Et ça suffit avec cette familiarité. Paumé, mon pauvre Adhémar, non mais oh ! elle se calme la crêpe Suzette !

LÉOPOLDINE. – Vous allez donc continuer à vivre comme ça en reclus ? Vous n'en avez pas marre de passer à côté de votre vie ? De ranger vos boîtes en fer ? De compter vos morceaux de sucre et vos stylos ? C'est quand même limité comme occupation pour un grand esprit comme le vôtre.

ADHÉMAR. – Mon grand esprit comme vous dites, se suffit à lui-même. Je n'aime pas le monde actuel, je n'aime pas cette époque. Je n'ai aucune envie d'y mettre ne serait-ce qu'un orteil. « On prend les mœurs de ceux avec qui l'on vit. »

LÉOPOLDINE. – Sénèque, le retour. Vous ne pensez jamais par vous-même ?

ADHÉMAR. – Il est mon maître à penser.

LÉOPOLDINE. – Vous devriez en trouver un autre, histoire de vous aérer les méninges.

ADHÉMAR. – Vous en avez peut-être un à me suggérer ?

LÉOPOLDINE. – Bouddha ? Je suis très attirée par le bouddhisme.

ADHÉMAR, *éclatant de rire*. – Le bouddhisme et vous ? Mais ma pauvre madame Vaillant, vous ne tiendriez pas une heure ! Méditation et silence, règles de base. Vous silencieuse, c'est comme… Tiens, c'est tellement inimaginable que je ne trouve même pas de comparaison.

LÉOPOLDINE. – Deux fois ?

ADHÉMAR. – Pardon ?

LÉOPOLDINE. – Ça fait deux fois que je vous fais perdre vos mots. Je ne suis pas mécontente de moi.

ADHÉMAR. – On a les plaisirs que l'on peut.

LÉOPOLDINE. – Adhémar, vous ne voulez pas venir avec moi parce que vous avez la trouille à cause de votre agoramachin.

ADHÉMAR. – Vous parlez d'un scoop !

LÉOPOLDINE. – J'ai une idée.

ADHÉMAR. – Je crains le pire. *(Léopoldine lui pique ses clés, se précipite vers la porte, elle l'ouvre et sort.)* Bonne idée. Dehors !

LÉOPOLDINE. – Arrêtez de dire des bêtises. ça n'est pas moi qui sors, c'est vous.

ADHÉMAR, *regardant autour de lui.* – Ah non ! Je ne crois pas. Moi, je suis dedans ; et vous, vous êtes dehors.

LÉOPOLDINE. – Plus pour longtemps, Adhémar. Plus pour longtemps…

Adhémar part en courant vers le fond.

ADHÉMAR. – Même pas en rêve. Je n'ai pas mis les pieds dehors depuis quinze ans. Pas question de sortir. JE SUIS AGORAPHOBE !

LÉOPOLDINE. – Oui, bon, on a compris ! Vous n'allez faire rien de plus que de passer le seuil de la porte.

ADHÉMAR. – Jamais, vous m'entendez ? Jamais ! Plutôt mourir.

LÉOPOLDINE. – Adhémar, ne faites pas l'enfant.

ADHÉMAR. – Mais je ne vous permets pas !

LÉOPOLDINE. – Oh ! mais c'est pas vrai !

Léopoldine entre, s'approche d'Adhémar. Adhémar saisit le sac de Léopoldine et la menace avec.

ADHÉMAR. – Si vous approchez, je hurle et je vous assomme.

LÉOPOLDINE. – Non, Adhémar : ou vous hurlez, ou vous m'assommez ; mais vous ne pouvez pas faire les deux.

ADHÉMAR. – Et pourquoi, je vous prie ?

LÉOPOLDINE. – Vous êtes un mec, donc mono tâche. Va falloir choisir.

ADHÉMAR. – Vous êtes sexiste.

LÉOPOLDINE. – Non : réaliste. J'ai un mari et trois fils. Bon, maintenant vous allez me suivre sinon…

ADHÉMAR. – Sinon quoi ? Vous allez me traîner par les cheveux ?

LÉOPOLDINE. – Qué cheveux ?

ADHÉMAR. – Ça suffit avec votre insolence.

LÉOPOLDINE. – Si vous ne venez pas je me mets sur le palier, j'arrache mes vêtements et je hurle au viol.

Léopoldine sort, elle se plante sur le palier, prend sa respiration. Adhémar se précipite vers la porte sans sortir.

ADHÉMAR. – Ah non ! Non, pas le viol ! Pas le viol ! Vous ne vous rendez pas compte de ce que vous me demandez !

LÉOPOLDINE. – Je vous attends.

Adhémar tourne en rond, il se broie les mains.

ADHÉMAR. – Je vais mettre un petit manteau… teau… Il n'a pas l'air de faire très chaud chaud !

LÉOPOLDINE. – On ne part pas en expédition dans l'Antarctique non plus.

ADHÉMAR. – Manquerait plus que ça !

LÉOPOLDINE. – Ni à la pêche aux phoques.

ADHÉMAR. – Ça tombe bien, j'ai pas mon harpon !

LÉOPOLDINE. – Ni à la chasse aux caribous.

ADHÉMAR, *avec l'accent québécois.* – Ben voyons donc !

Adhémar ressort enfin et revient avec un manteau, une écharpe, un bonnet et des gants. Il est emmitouflé.

LÉOPOLDINE. – T'es-tu niaiseux comme ça !

ADHÉMAR. – Oui, ben peut-être mais je ne vais pas en plus attraper un rhume de cerveau.

LÉOPOLDINE. – Ne parlez pas des absents ! *(Adhémar ouvre des tiroirs, cherche quelque chose.)* Qu'est-ce que vous cherchez encore ? Je ne vois pas trop ce qui manque à votre panoplie du parfait petit explorateur. *(Adhémar tourne le dos au public, il farfouille, trouve et se retourne, il porte un masque médical.)* Ah ! ben oui, je suis bête, ça manquait !

ADHÉMAR, *voix sourde sous le masque.* – Faut être prudent.

LÉOPOLDINE. – Quoi ? Je comprends rien.

ADHÉMAR, *baissant le masque.* – Faut être prudent.

LÉOPOLDINE. – Ah ça ! Vous sortez couvert, vous ne risquez pas d'attraper grand-chose. Bon, on y va là ?

ADHÉMAR. – Je sais pas trop.

LÉOPOLDINE. – Vous me fatiguez, Adhémar. *(Elle lui tend la main.)* On y va maintenant.

Adhémar s'approche doucement. Repart. Il se met à faire des petits sauts maladroits sur place. Il court autour de la pièce, genre entraînement sportif. Il s'échauffe tellement qu'il crève de chaud sous son manteau.

ADHÉMAR. – Je sais pas ce que j'ai. Je me sens pas bien d'un coup.

Léopoldine entre et commence à déshabiller Adhémar.

LÉOPOLDINE. – Vous êtes infernal. N'importe qui se trouverait mal là-dessous. *(Elle lui enlève l'écharpe en le faisant tourner sur lui-même. Adhémar a le tournis, il tangue.)* On n'a pas idée de se mettre dans un état pareil, tout ça pour passer le seuil de votre porte.

ADHÉMAR. – Je n'y arriverai jamais.

Adhémar est sonné, Léopoldine le prend doucement par la main, tout en lui parlant elle l'amène vers la porte, l'air de rien. Adhémar s'essuie le front, il a le nez dans son mouchoir, il ne se rend pas compte de ce que Léopoldine fait.

LÉOPOLDINE. – Respirez tranquillement, ça va aller. Paix, sécurité, bonheur… hummm hummmm…

ADHÉMAR. – Paix, sécurité, bonheur… Paix, sécurité, sécurité… Sécurité, sécurité, sécurité…

LÉOPOLDINE. – Vous voulez un verre d'eau ? Un peu de sucre ? *(Adhémar secoue la tête.)* Bon, on se calme, il ne va rien se passer.

Adhémar lève la tête, il est en train de passer la ligne, il finit par ne plus savoir de quel côté de la porte il se trouve. Il s'arrête, s'essuie le front une nouvelle fois. Il est sur le seuil et Léopoldine dans la maison. Elle le regarde, les bras croisés.

ADHÉMAR. – Je vous l'avais bien dit que je ne céderais pas.

Il regarde Léopoldine, ne comprends pas tout de suite, réalise, rentre en criant et se pelotonne dans son fauteuil.

LÉOPOLDINE. – Vous y êtes arrivé, Adhémar, vous y êtes arrivé ! *(Elle se précipite vers lui, l'embrasse sur le front et danse autour de lui.)* Vous êtes sorti de chez vous ! Et vous voyez, il ne vous est rien arrivé.

ADHÉMAR, *de mauvaise foi.* – Pfeuuuuu… Évidemment qu'il ne m'est rien arrivé, que vouliez-vous qu'il m'arrive ? Il n'y a pas de quoi en faire toute une histoire. C'est pas compliqué.

LÉOPOLDINE. – Non, mais je rêve ! La mauvaise foi de ce mec ! J'y crois pas !

ADHÉMAR. – Je préfère même pas discuter avec vous.

LÉOPOLDINE. – Ben voyons ! Bon, maintenant que vous avez franchi le seuil, on va passer à la deuxième étape.

ADHÉMAR. – Ah non ! Ça suffit maintenant. Pas question de deuxième ni de troisième étape. Je refuse.

LÉOPOLDINE, *se précipitant vers l'ordinateur.* – Taisez-vous et laissez-moi faire. *(Elle pianote sur l'ordinateur.)*

ADHÉMAR. – Oh non ! Pas mon ordinateur ! Vous allez me l'abîmer.

LÉOPOLDINE. – On se calme, je sais me servir d'un ordinateur.

ADHÉMAR. – Oui, ça j'ai bien compris. On n'en a juste pas le même usage.

LÉOPOLDINE. – Blablabla… Bon, nous disions donc, agora… agora…

ADHÉMAR. – … agoraphobie.

LÉOPOLDINE. – Oui, oui, agoraphobie. Ça vient du grec…

ADHÉMAR. – … « agora », place publique, assemblée.

LÉOPOLDINE. – Et…

ADHÉMAR. – … « phobos », peur.

LÉOPOLDINE. – Je peux ? *(Geste d'Adhémar.)* C'est un trouble cognitif se manifestant par une peur irrationnelle de ne pouvoir échapper à une situation ou par la crainte de ne pas pouvoir être secouru en cas d'attaque de panique. Bon, ben voilà, on y est.

ADHÉMAR. – Où ça ?

LÉOPOLDINE. – Dans le cœur du problème. Vous êtes donc sujet à des crises de panique.

ADHÉMAR, *applaudissant.* – Ah ! bah ça valait la peine de chercher sur Internet !

LÉOPOLDINE. – Oui, bon… Y a juste une chose qui me pose problème.

ADHÉMAR. – Je vais m'abstenir, c'est préférable.

LÉOPOLDINE. – Cognitif, je vois pas trop… cognitif… heu… ça cogne… ?

ADHÉMAR. – « Ça cogne » ! Je rêve ! « Cognitif », c'est le terme scientifique qui désigne les mécanismes de la pensée.

LÉOPOLDINE. – Donc si je résume, votre mécanisme de la pensée a des ratés. Remarquez, je m'en doutais un peu.

ADHÉMAR. – C'est l'hôpital qui se fout de la charité ! Mais vous imaginiez quoi ? Que vous alliez trouver la solution comme ça sur Internet ?

LÉOPOLDINE. – On trouve tout sur Internet.

ADHÉMAR. – Oui, même vous !

LÉOPOLDINE. – Je ne relèverai même pas. Bon, je continue. Alors qu'est-ce que ça nous provoque le petit mécanisme qui yoyotte ?

ADHÉMAR. – Non, mais oh ! ça va !

Pendant toute l'énumération que fera Léopoldine, Adhémar ressentira chaque symptôme jusqu'à lui provoquer une énorme crise.

LÉOPOLDINE. – Alors… nous y voilà… Les patients subissent une forte peur de plein fouet, des sensations de vertige. *(Adhémar* *se dirige lentement vers une chaise, il se tient à la table, on le sent pas bien du tout.)* D'étouffement, de perte de contrôle, accompagnées d'une angoisse intense. *(Sans lever la tête, elle s'adresse à Adhémar qui est quasi en train d'agoniser.)* Vous avez déjà ressenti ce genre de trucs ? Ne répondez pas surtout, ça m'aiderait. Palpitations, tremblements. *(Adhémar n'est pas loin de l'apoplexie.)* Douleurs, gêne thoracique, souffle court. Oh ! ben dites-moi c'est un vrai festival ! Bon, alors vous avez quoi dans tout ça ?

ADHÉMAR, *dans un souffle.* – Tout.

LÉOPOLDINE. – Vous êtes toujours dans l'exagération. Non, sérieux, vous avez quoi ? *(Adhémar ne répondant pas, Léopoldine lève la tête et s'aperçoit du malaise d'Adhémar, elle se précipite vers lui.)* Mais qu'est-ce que vous me faites ? Oh ! Adhémar, arrêtez, là vous n'êtes pas drôle !

ADHÉMAR. – Je n'essaye pas non plus.

LÉOPOLDINE. – Merde, merde, merde ! *(Elle finit par envoyer un verre d'eau à la figure d'Adhémar qui retrouve ses esprits. Et se calme. Léopoldine s'assoit par terre à côté de lui.)* Ben mon vieux… J'ai eu une de ces trouilles !

ADHÉMAR. – Et moi donc…

LÉOPOLDINE. – Mais votre médecin ne vous a pas donné de médocs en cas de crise ?

ADHÉMAR. – Je n'ai pas de médecin.

LÉOPOLDINE. – Ça veut dire quoi, pas de médecin ? Vous n'avez jamais cherché à vous faire aider ? Vous auriez pu voir un psy, un rebouteux, un marabout…

ADHÉMAR. – Et pourquoi pas un sorcier vaudou pendant que vous y êtes ?

LÉOPOLDINE. – Il y a des solutions, j'en suis certaine.

ADHÉMAR. – Pour faire tout ça, il faut sortir, et dehors je me sens en territoire ennemi, je ne peux rien contre ça.

LÉOPOLDINE. – Vous n'avez pas d'autre ennemi que vous-même, Adhémar.

ADHÉMAR. – C'est trop tard.

LÉOPOLDINE. – Faites-moi confiance.

ADHÉMAR. – C'est la dernière chose qui me viendrait à l'esprit.

LÉOPOLDINE. – Vous ne voyez pas que je suis votre chance, que je ne suis pas là par hasard ?

ADHÉMAR. – Vous êtes complètement folle.

LÉOPOLDINE. – J'en suis certaine, je suis là pour vous aider, pour vous réveiller. Je suis le prince charmant qui vient réveiller la Belle au bois dormant.

ADHÉMAR. – Plutôt la charge de la brigade légère, tagada, tagada, voilà Ma Dalton.

LÉOPOLDINE. – Pourquoi ne pas essayer ?

ADHÉMAR. – Parce que j'ai peur. Peur à en crever. Je ne suis pas sorti depuis quinze ans, vous entendez ? Quinze longues années de solitude et de terreur. Quinze ans pendant lesquelles j'ai survécu. Est-ce que vous vous imaginez quinze ans enfermée entre ces quatre murs ? Je n'ai pas d'amis, pas de femme, pas d'enfants, je ne peux avoir ni chien ni chat parce que je suis allergique, j'ai un boulot complètement idiot, je passe ma vie avec des vieux cons qui sont morts depuis des siècles. Mais moi ça me rassure. Je suis une montagne de trouille et on ne déplace pas une montagne. Et si je meurs, parce que, inévitablement, ça va me tomber dessus, avec le pot que j'ai, qui se rappellera de moi ? Hein, dites-moi un peu ? Qui viendra à mon enterrement ? Qui me pleurera ? Faudra d'abord qu'on me trouve, et je ne vois pas bien qui pourrait s'inquiéter de ma disparition.

LÉOPOLDINE. – Votre épicier ?

ADHÉMAR. – Il ne passe que tous les quinze jours, j'ai le temps de voir venir. Laissez tomber, je n'y arriverai jamais.

LÉOPOLDINE. – À deux, on peut y arriver !

ADHÉMAR. – Vous êtes gentille Léopoldine, mais vous ne pouvez rien pour moi. Personne ne peut quoi que ce soit pour moi.

LÉOPOLDINE. – Vous me décevez, Adhémar. Je croyais qu'on allait former une sacrée équipe tous les deux.

ADHÉMAR. – Une équipe de quoi ? Je ne suis pas sportif pour deux sous.

LÉOPOLDINE. – Vous ne m'amusez plus, Adhémar.

ADHÉMAR. – Je ne comprends d'ailleurs pas comment j'ai pu vous amuser à un moment ou à un autre.

LÉOPOLDINE. – Je vais rentrer chez moi, faire mes valises et partir. Au Bhoutan ou ailleurs, je veux enfin vivre. Je veux décider, choisir, exister, être libre.

ADHÉMAR. – Personne n'est jamais vraiment libre.

LÉOPOLDINE. – Moi, maintenant, si ! J'aurais vraiment aimé faire ce voyage avec vous. Je me demande bien pourquoi d'ailleurs. Vous n'êtes sûrement pas le compagnon de voyage idéal.

ADHÉMAR. – Ni de voyage, ni de vie, ni de rien.

LÉOPOLDINE. – En passant à côté de moi, vous passez à côté de la seule chance que vous aurez dans votre putain de vie de vous sortir de ce putain de merdier.

ADHÉMAR. – Amis poètes, bonsoir !

LÉOPOLDINE. – N'oubliez pas la pâte à crêpes, ça serait dommage de gâcher… Au revoir, Adhémar. *(Elle sort et referme la porte sur elle.)*

ADHÉMAR. – Au revoir, Léopoldine. *(Il commence à retaper sur son ordinateur, s'arrête et regarde Sénèque qui réapparaît sur le fond.)* T'es encore là toi ! Oh ! je sais ce que tu vas me dire ! « La vie heureuse, c'est une âme libre, élevée, intrépide et inébranlable. »

Sénèque disparaît et on voit apparaître à sa place en morphing le visage de Léopoldine et sa voix.

VOIX DE LÉOPOLDINE. – « On peut tout ce qu'on veut fortement. »

ADHÉMAR. – « Hâte-toi de bien vivre et songe que chaque jour est une vie. »

VOIX DE LÉOPOLDINE. – « C'est quand on n'a plus d'espoir qu'il ne faut désespérer de rien. »

ADHÉMAR. – « Être asservi à soi-même est le plus pénible des esclavages. » « Tirons notre courage de notre désespoir même. » *(Il se précipite vers la porte, l'ouvre, et crie.)* Léopoldine !!!

Il n'y a personne… Il repart tout penaud quand soudain Léopoldine resurgit sur le seuil de la porte.

LÉOPOLDINE. – Enfin ! On ne peut pas dire que vous soyez ponctuel. Vous avez trois minutes quarante-cinq secondes vingt-huit dixièmes de retard. *(Hurlant.)* C'est inadmissible !

Elle lui tend la main. Il hésite, sourit et finalement met la main dans la sienne.

NOIR

FIN

AVIS IMPORTANT

Cette pièce de théâtre fait partie du répertoire de la Société des Auteurs et Compositeurs Dramatiques, 11 bis rue Ballu 75442 PARIS Cedex 09. Tél. : 01 40 23 44 44. Elle ne peut donc être jouée sans l'autorisation de cette société.
Nous conseillons d'en faire la demande avant de commencer les répétitions.

Imprimé à la demande par Books On Demand GmbH, Bad Hersfeld, Allemagne

1er trimestre 2013
1re édition, dépôt légal : mars 2013
N° d'édition : 201310
ISBN : 978-2-84422-908-3

9 782844 229083